AF607552

TOMÁS GARCÍA YEBRA

UN PADRE TRANSGRESOR

EDICIONES JC

DISEÑO DE CUBIERTA E INTERIOR
Marta Benito

DIBUJO DE PORTADA
Homenaje a Magritte, de María Zarzalejos.

EDICIONES JC
Primera edición: 2026.

Rodríguez San Pedro, 2. 28015 Madrid (España)
Tfno/Fax: 91 446 96 92
edicionesjc@telefonica.net
www.edicionesjc.com

ISBN: 978-84-15448-85-3
Depósito Legal: M-2608-2026

Impreso en España - *Printed in Spain*

Safekat
Laguna del Marquesado, 32L
28021 Madrid
www.safekat.com

Para Carlota, Jaime y Nicolás,
con todo mi amor.

UN PADRE TRANSGRESOR

Artefacto teatral en cuatro escenas

Personajes:
Ernesto, el padre
Carlota, la hija
Dorita, la novia del padre
Exnovio de la hija, desconocemos su nombre

ESCENA I

La acción se desarrolla en un apartamento. Espacios diáfanos, cocina americana. El padre, unos cincuenta años, trabaja en una mesa de metacrilato. El padre es un escritor sin éxito (hasta la fecha no ha publicado ningún libro); también es un empresario de escasa fortuna (hasta la fecha no ha conseguido poner en marcha ningún negocio rentable). Pero lo intenta, no desfallece. Anda siempre maquinando cómo triunfar.

Su hija, dieciséis años, entra por la puerta moquiteando y con cara de pocos amigos.

La cría va vestida con falda escocesa y calcetines altos. Se peina con cola de caballo. Entra en la casa sollozando; está desorientada y algo demacrada. Su padre, al verla, se asusta. No sabe ni adivina qué ocurre.

La hija arroja sobre la mesa los apuntes escolares y suelta un "hola" con desgana.

—Pero bueno, ¿qué te pasa?

—Que me ha dejado mi novio, papi, eso pasa.

—Pero... ¿qué novio?

—Pues mi novio, el amor de mi vida, llevábamos tres semanas juntos, que no te enteras de nada, y encima el muy cobarde me lo dice por el móvil, papá, que no sé qué he hecho mal.

La cría llora desconsoladamente.

—Pero, ¿tienes novio? —el padre, efectivamente, no se entera de nada.

—Tenía, papá, tenía... No me lo recuerdes... Y, además, es que estábamos bien... Era tan guapo... No sé qué voy a hacer sin él.

La hija se dirige hacia su habitación. El padre la sigue.

—¡No, papá, vete! ¡No voy a salir de mi cuarto en toda mi vida! —continúa envuelta en una tremenda llantina.

El padre, confuso, acaricia el escaso pelo que le queda. Se acerca lentamente hacia su hija, quien aún no ha traspasado la puerta de su cuarto.

De repente, al padre, se le enciende la bombilla.

—¡Ya lo tengo!... —exclama triunfante.

—¿Qué tienes?

—La solución.

—¿Cuál es?

—Una pizza de Casa Tarradellas. Con el estómago lleno te sentirás mejor.

La hija se da la vuelta. Por momentos deja de hipar.

—Bueno —admite complacida—. No es la solución, pero tengo hambre.

El padre, sonriente, mira a la niña de sus ojos.

—Qué camiseta más chula llevas.

—¡Claro, papá, me la regaló él! —articula la frase con voz entrecortada.

—No tardo nada —proclama el padre, quien se dirige hacia la cocina mientras canturrea una canción de Machín; enciende el horno e introduce la pizza—. ¿Tú has leído a Stendhal?

—No, papá, no sé quién es ese señor.

—Pues deberías leerlo. En Stendhal está la respuesta a lo que ahora tanto te aflige.

La hija, perdida la mirada, sigue abstraída en sus negros pensamientos. Lentamente camina hacia donde se encuentra el padre.

—Papá, por favor, libros de autoayuda no. Odio esos recetarios.

—Carlota, amor, no es un libro de autoayuda, ¡es Stendhal! —abre la trampilla del horno para comprobar la temperatura.

—No lo has precalentado. Va a tardar un huevo en hacerse.

—¡Carlota, no te llevo a un colegio de pago para que hables así!

—No te confundas. La decisión de llevarme a un colegio de pago fue de mamá; si llega a ser por ti hubiese acabado tocando la flauta en el andén del metro.

—Qué desagradecida eres —cierra la trampilla—. ¿Lo subo a 250 grados?

—¿Pizza torrefacta? Podemos probar, a ver a qué sabe.

El padre se pone en jarras.

—Si no te gusta lo que hago ponte el delantal y la haces tú. Destruir es muy fácil; lo complicado es construir. Ahí te quisiera ver.

La hija sonríe. Es la primera vez que la vemos sonreír.

—A lo que vamos: ¿sabes lo que dice Stendhal en su famosísima teoría de la cristalización?

La hija le mira resignada.

—Qué es lo que dice —resopla.

—No quiero ser un aguafiestas, pero lo que dice es desolador... Dice que el amor es un espejismo, una enajenación mental, una fabulación del entendimiento. ¿Y sabes cómo remata? Remata asegurando que el amor es una pasajera estupidez.

—El que es estúpido es él. Y qué desgraciado. ¿Nunca se enamoró?

—Supongo que sí, de ahí su famosa teoría. Stendhal viene a decir que la persona que ama, tú en este caso, deposita en el objeto amado virtudes, fortalezas y donaires que no existen. Esas virtudes se cristalizan en tu coco —se da unos cuantos golpecitos en el suyo—. Lo tuyo, en definitiva, es una empanada mental de frágiles cristalitos.

—¡Papá!

—Pero se pasa, hija, se pasa. No hay que angustiarse. Ningún ser humano merece una devoción incondicional.

La hija lo mira con lejanía y resquemor, un resquemor teñido de rabia.

—¡Cómo se nota que nunca has estado enamorado!, ¡cómo se nota que no has sabido amar...! Qué razón tiene mamá: "Tu padre solo sabe quererse a sí mismo".

—Que no, que no, ahora no estoy hablando de mí. Estoy hablando del amor y de Stendhal. Y Stendhal, que era un sabio, asegura que en el amor todo son figuraciones. No hay ninguna base real que lo sujete. ¿Por qué las parejas duran tan poco tiempo? Porque los cristalitos de la fiesta se terminan disolviendo en la rutina.

—Pues, menos tú y ese menda, todos creemos que el amor es lo más importante de la vida. Sin amor, papá, estás muerto.

—La palabra 'amor' es preciosa, no lo niego, pero es solo una palabra, una coartada del lenguaje. Tú dices 'amor', pero quien habla es tu aparato reproductor. "Estoy enamorada". ¡Qué va! Es tu aparato reproductor quien lo dictamina y te lo susurra al oído.

—A mí no me mueve ningún afán reproductor. ¡Tengo dieciséis años!

—El amor es una trampa de la naturaleza; lo único que persigue la naturaleza es la perpetuación de la especie. Copulas y después de la cópula, ¿qué sientes? Sientes como un vacío existencial, un vacío estructural, un vacío universal, un vacío cósmico.

—¿Eso es lo que tú sientes?... Pues qué pena me das.

El padre sonríe indulgente.

—¿Dónde se va el amor después del apareamiento? Se va de paseo hasta que entran otra vez las ganas... Que si un cine, que si un restaurante, una exposición, un viaje, todo por hacer tiempo.

—Apareamiento... ¿A quién tengo por padre, a un ser humano o a un orangután?

—A un orangután..., quizá domesticado, más o menos domesticado.

El padre abre de nuevo la trampilla del horno. Pincha la pizza con el tenedor. La nota cruda.

—No sé cómo mamá aguantó dos años de matrimonio. Yo hubiese salido corriendo a los dos días.

—Ya se lo advertí a tu madre, mira que se lo advertí. "No he nacido para estar casado", pero ella se empeñó: "Conmigo vas a cambiar". ¿Y he cambiado?, ¿he cambiado en algo?

—¡Te detesto, eres un cínico!

—Soy una persona lúcida, y esa lucidez, hija, me hace desgraciado.

—El problema no es que seas desgraciado tú, es que haces desgraciados a los que te rodean.

—Es posible —admite con gesto circunspecto, aunque enseguida se le pasa—. Agarra un tenedor de trinchar asados y lo coloca al lado del horno. También coge un plato y la paleta de servir.

—Acepto que en la cocina tenemos las mismas aptitudes los hombres y las mujeres, pero no me negarás que en limpiar, lo que se dice limpiar a fondo, las mujeres sois imbatibles.

—Limpiamos exactamente igual, en lo que diferimos es a la hora de ensuciar; te aseguro que vosotros ensuciáis y enredáis mucho más que nosotras.

—Los rinconcitos, hija, las esquinitas, los ángulos muertos, esas diminutas excrecencias las veis mucho mejor las mujeres.

—Si te hubieran dado una escoba y una bayeta cuando tenías quince años verías muy bien la porquería... Lo que pasa es que la abuela Mari tenía a la chacha Rita y la chacha Rita iba detrás de ti, por eso no veías una mota de polvo.

—¡No! ¡No es eso! Es cuestión de visión espacial. Nosotros estamos más dotados para la visión espacial, para la perspectiva caballera, mientras que vosotras os fijáis más en las puñetitas.

La hija dibuja una sonrisa de mosqueo.

—Vuela alto, vuela alto, ¿no?... Mamá preocupada de los biberones, las papillas, las vacunas, el colegio, las notas, y tú volando por las nubes. ¿Para qué preocuparse de tantas insignificancias?... ¿Me equivoco?

—¿No he sido un buen padre? —le muda la voz.

—No.

El señor de la casa abre de nuevo la trampilla del horno, coge un guante de plástico *ad hoc* y agarra la bandeja donde descansa la pizza. La apoya en la encimera.

—No huele mal —dice con gesto esperanzador.

La hija se santigua y roza la pizza con los nudillos.

—Una masa blandiblú —ironiza—. ¿La llevo a la mesa?

Antes de hacerlo se acerca al padre y le da un cariñoso beso en la mejilla.

—A ratos eres divertido.

—Algo es algo —se resigna cogiéndola de los hombros—. ¿Qué vas a beber?

—Cocacola.

El padre abre la nevera, coge una cocacola y una cerveza. Los dos se dirigen a la mesa del pequeño comedor.

—Bueno, háblame de tu ex.

—¿Qué ex?

—El chico que te acaba de dejar.

—Papá, por favor, no hables con la boca llena; se te ve hasta la muela del juicio.

—No me queda ninguna muela del juicio —bebe un trago de cerveza y hace buches y gárgaras.

—¡Por Dios, no seas guarro!

—Es para limpiarme las muelas, que las veas limpias... Bueno, a lo que estamos. ¿A que tu ex es joven y tiene una complexión fuerte?

—¡Claro que es joven, no va a ser como tú!

—Gracias por el piropo.

—Además come con la boca cerrada.

—Ves, se cumplen las teorías de Stendhal: joven, bien parecido, complexión atlética, come con la boca cerrada... Un muchacho apto para la reproducción. ¡Pero como él hay mil! ¡Qué digo mil, hay mil millones!

—¿A dónde quieres llegar?

—Que a rey muerto, rey puesto. Lo que tienes que hacer, hija, es vivir experiencias volátiles. Ya encontrarás, cuando tengas treinta años, a otro en quien puedas depositar perfecciones, virtudes y donaires que solo existen en tu imaginación.

La hija observa al padre como si fuese un marciano.

—Te diré más —añade el marciano—: ahora lo tenéis chupado.

—¿Chupado? ¿El qué?

—Sí, chupado. En mi época no existía el *meting*, el *rolling*, el *contacting* ni todos esos atajos de los tiempos modernos. En mi época existían el bar de la facultad y los guateques. Poco más.

—Te veo muy puesto en redes sociales.

—No, hija, yo pertenezco a la generación de los que ligábamos mirándonos a los ojos. Yo no sé ligar con emoticonos.

—Lo deberías probar —sonríe la hija—. Tiene su punto.

—Sí, su punto filipino... Carlota, lo que tienes que hacer a partir de ahora es centrarte, porque como dice Stendhal, con toda razón, uno no se casa cuando le llega el amor, se casa cuando le llega la edad... ¿Tú te quieres casar?

—Sí.

—¿Y quieres tener hijos?

—Tres.

El padre pone cara de extrañeza.

—¿Tres? ¿Por qué tres y no dos?... ¿o cuatro?

—No. Tres.

—Bien. Si te quieres casar y tener tres hijos debes esperar.

—¿A qué?

—A que te llegue la edad. Hasta entonces debes conocer a unos cuantos hombres para luego afinar el disparo. Ya has conocido a uno, que pase el siguiente.

—¡¿Ese es el consejo razonable de un padre?!, ¡¿eso es lo que quieres para tu hija, que sea una puta?!

—Lo único que deseo es que seas feliz —el padre se pone serio—. Qué lástima que no tengas por un momento mis años; verías con claridad que lo más importante a tu edad es quererte a ti misma. Si te quieres, si te valoras, ya aparecerá alguien que esté a tu altura. Si no te valoras, si ñoñeas, el mundo te comerá a dentelladas. A lo mejor es injusto, pero es así.

El padre clava sus ojos en los de la hija. Añade:

—El último as de la manga lo tienes que tener tú. Ni amigas, ni familia, ni novios. Tú.

—¿A mi edad eras así de listo? —contraataca la hija al tiempo que mordisquea la pizza.

—Evidentemente, no. Conozco la teoría desde que leí a Stendhal; ya sé que la práctica es más complicada. En estos años he aprendido algunas cuestiones fundamentales. Por ejemplo, que los grupos, las pandillas, a tu edad, tiran de la manta hacia abajo. Siempre habrá alguien que te ofrezca una raya de coca, pero nadie te ayudará a ser Madame Curie. A los grupos les ofende que haya alguien que destaque y vaya a su bola. La envidia, siempre agazapada, tiene muchas patas.

—¿De joven ibas a tu bola?

—No, era débil y necesitaba la aprobación de los demás. Fue a partir de los veinticinco años, más o menos, cuando empecé a aprender.

—¿Cómo aprendiste?

—A base de hostias.

El padre se arrepiente del exabrupto e intenta rectificar.

—Sí, Carlota, a base de palos y de vacunas... La vacuna del amor, la vacuna de la amistad, la vacuna de las relaciones laborales, la vacuna de los viajes a lugares exóticos. Lo importante, como en la viruela, es quedar bien vacunado.

Alza un dedo al aire y enarca las cejas.

—Ahora que lo pienso, me queda una vacuna.

—¿Cuál?

—La de sortear a la muerte, pero me parece que todavía no se ha inventado.

—¿No crees en nada? —pregunta la hija con tristeza

El padre la mira; al padre le brillan repentinamente los ojos.

—Creo en lo elemental. Por ejemplo, en ti. ¿Te parece poco? Tú y tu hermano sois las dos únicas personas que me habéis hecho tocar la felicidad.

—¿Por qué solo nosotros dos?

—Supongo que es culpa mía. Complejos, miedos, rencores, inseguridades, frustraciones... Habría que preguntárselo a Freud.

—¿Quién es Freud?

—De la pandilla de Stendhal... Oye, has dicho que te quieres casar. ¿Va a ser una boda normal o una boda palaciega? Te lo digo por ir ahorrando.

—¿A qué llamas boda palaciega?

—Te cuento: se va a casar la hija de un amigo; vino el otro día a decírmelo y estaba horrorizado.

—¿Por qué?

—Que por qué —el padre se dirige a su mesa de trabajo, coge una libreta y la abre.

—Apunté por curiosidad todo lo que necesita la hija, una logística que ni en el desembarco de Normandía.

—No será para tanto.

—Te leo y juzga por ti misma

El padre se ajusta las gafas.

—Lo van a celebrar en una finca que se llama El Ciervo, no sé si en alusión a los futuros cuernos que se van a poner

—¡Papá!, ¿por qué eres tan negativo?

—Primera parte: aperitivo rodante, para ello contratan una *foodtruck*, que no sé lo que es pero en inglés suena bien, más los camareros que lo van a servir, todo amenizado con un grupo de salsa que, por lo visto, son amigos del novio. No sé si les pagarán algo, pero comer seguro que comen... Sigo: jamón ibérico de bellota con cortadores profesionales extremeños, *beauty corner*, que tampoco sé lo que es, payasito multiétnico para amenizar las mesas...

El padre, llegado a este punto, retira las gafas de sus ojos.

—Payasito multiétnico... ¿Me quieres decir qué es un payasito multiétnico?

—Ni idea, papá. Te prometo que es la primera vez que lo oigo.

El padre se vuelve a poner las gafas.

—Titiriteros subidos en un templete, toro mecánico, atrezo con gorritos de colores, zapatos de goma para bailar la conga, un dron para grabar las escenas del baile y los gorritos, sacos de arroz para lanzar alegría a los novios, aseos con hilo musical, buses para los invitados, discoteca con *candy* bar, *disc jockey* asesorado por la inteligencia artificial, bebidas de diseño, *foodtruck* de chocolate con churros para la amanecida... Yo hice la mili, hija, y te juro que en las maniobras de Chinchilla movimos mucho menos.

—Ahora las bodas son así.

—¡¿Todas?!... ¿La tuya también va a ser así?

—Bueno, ya veremos. No te asustes.

—Y queda la segunda parte, lo más gordo, el menú, que la gente quiere un menú de tres platos y la tarta, que parece que vienen de la posguerra... ¡Ah, y la despedida de solteros! Ahí mi amigo se plantó. Le dice la hija que quiere alquilar un yate en Menorca para ella y los amigos. El padre le dijo: "Perfecto, siempre que el yate lo pagues tú. O bien que lo paguen tus amigos".

—¿Te van a invitar?

—Ojalá que no. Si en las películas y en las novelas me pierdo si aparece mucha gente, imagínate en esta boda.

—¿Y si te invitan?

El padre adivina a la hija.

—¿Te apetecería venir?

—Me apunto de cabeza.

—Te lo he leído en la mirada... A lo mejor conoces a alguien interesante.

—No, papá, no tengo ganas de conocer a nadie... Bueno, cuéntame ese negocio que te traes entre manos.

—Recogemos este descontrol de mesa y te lo cuento.

BAJA EL TELÓN. Suenan los primeros compases de la canción *Quince años tiene mi amor*, del Dúo Dinámico.

ESCENA II

Mientras apañan la cocina, el padre, que lleva un delantal decorado con setas, le explica a la hija sus últimos adelantos.

—Di, ¿qué tal tu último negocio?

—Ahí va.

—Eso qué significa... ¿ni p'alante ni p'atrás?

El padre duda con la cabeza.

—Estoy madurando una idea.

—¿Qué idea?

—Cadena de supermercados en la sierra de Madrid.

—¡Papá, llevas madurando esa idea desde que conociste a mamá!

El padre hace mímica con la cara, los brazos y las manos; no se sabe bien qué tipo de mímica.

—Ahora hay un salto cualitativo.

—¿Cuál?

—El modelo.

—Explícate.

—El modelo de compra. La gente no sabe comprar. Compra lo que ve, aunque no lo necesite. Mi modelo ayudará a comprar lo que la gente necesita, porque la mayoría no lo sabe. La gente, en general, no sabe lo que quiere ni lo que le gusta, ni en la vida ni en los supermercados. Yo les voy a abrir los ojos.

—¿Cómo?

—Con un algoritmo. Tú me haces una lista de la compra con los productos que consumes habitualmente. Por ejemplo, verduras, judías verdes, acelgas, lombarda, pollo, pavo, carne para guisar, carne picada, pescados, legumbres, frutas, lo que quieras. Yo te envío la lista de la compra, pero... ¡ahora viene la sinergia, mi valor añadido!

La hija sonríe.

—¡La compra va acompañada de una panoplia de recetas saludables, novedosas, riquísimas, que el consumidor no conoce ni por el forro!

—Papá, si hay algo que sobra en las librerías y en las redes sociales son recetas —la hija se desinfla.

—Pero en ninguna, que yo sepa, han intervenido los algoritmos, que es la ciencia del futuro. Tú me dices: en este pedido quiero recetas con toque indio, o mexicano, o japonés, o asturiano y el algoritmo resuelve. El gran Stendhal, que en esto se anticipó a Steve Jobs, decía: "No pienses en las necesidades del ciudadano, crea con originalidad esas necesidades".

—Demasiado complicado —sentencia la hija—. La gente, en cuanto le hables de algoritmos, se te va al Ahorramás—. De repente repara en un retrato que hay colgado en una esquina del salón—. ¿Quién es ese señor, el abuelo?

—Ya le hubiera gustado a tu abuelo. Es don Juan Roig.

—¿Juan Roig?... No sé quién es.

—Don Juan Roig —le señala con el dedo— es el Espíritu Santo de Mercadona, el espejo en el que me miro cada mañana.

La hija mueve la cabeza y, con ella, la coleta.

—Lo de mamá es para subirla a los altares. ¡Aguantó casi dos años de matrimonio!... Inexplicable.

—¿Por qué?

—Papá, eres irreal.

—Te equivocas. Tócame... Tócame la cara, los brazos. Estoy aquí. Soy auténtico.

—Y tan auténtico... En el viaje de novios llevaste a mamá engañada. ¡Valencia, Alicante, Asturias, mar y montaña!, pero qué va, íbais de Mercadona en Mercadona. ¿Te has parado a pensarlo?... ¿Tú estás bien de la cabeza?

—Los viajes, incluidos los viajes de novios, se disfrutan cuando hay un propósito de por medio. Ramón Menéndez Pidal llevó a su mujer de luna de miel por la ruta del Cid, y tan felices. ¿Por qué? Porque había un propósito y una finalidad compartida. Lo que le ocurrió a tu madre es que le aburría mi proyecto empresarial.

—Me dijo que en cada Mercadona os tirabais hora y media mirando latas.

—¿Y las playas en las que se bañó?, ¿eso te lo contó?, que yo odio esa arenilla que se mete por los pies, y ella crema por aquí, crema por allá, tostándose al sol por un lado, tostándose por el otro, como si fuese un cochinillo, y no le dije nada, aguanté el tirón con estoicismo, porque, aquí donde me ves, soy un estoico.

—Hora y media en cada Mercadona y en todas las ciudades, qué fuerte, papá.

—Es que ahí está la clave.

—¡Qué clave, papá, qué clave!

—El origen de los productos. Analizas una lata de mejillones y procede de la mejor conservera de Galicia; analizas una tableta de chocolate y ¿quién la fabrica? Antiu Xixona. Compras una botella de vino Borsao, que cuesta cuatro perras, y compruebas que estás bebiendo un vino fantástico a precio de risa... Esa es la clave: máxima calidad al mínimo coste... ¿Y cómo te tratan los empleados? Yo no sé a los demás, pero a mí me tratan como si fuese el príncipe de Gales.

El padre mira embelesado el retrato de Juan Roig.

—A lo mejor lo que pienso es una herejía, pero lo voy a decir: después de Johan Cruyff, don Juan Roig.

—Papá —le mira sin pestañear—, se te va la olla... Bueno, se te ha ido desde que tengo uso de razón, que es cuando me percaté.

—Fíjate en esto, fíjate en este milagro —el padre se dirige a un armario de la cocina; coge una botella de cristal y la levanta como si fuese un trofeo.

—Un litro de fumé a menos de tres euros. ¡Y qué fumé, ni a mí me sale igual! Para una paella, para una fideuá, para una sopa de pescado. ¡Imbatible!

—¿Has pensado que las pequeñas tiendas de los barrios también tienen derecho a vivir?

—De acuerdo, totalmente de acuerdo, pero no señales a don Juan Roig, señala las reglas del capitalismo. Si yo dirigiera un estudio de arquitectura y tuviera que contratar a un delineante elegiría a alguien diestro con el dibujo lineal. Si viene uno y me pinta un seis y un cuatro y me dice la cara de tu retrato, pues no le contrataría por mucha pena que me dé.

—¿Conoces al señor? —la hija mira hacia el retrato del dueño de Mercadona.

—Le he pedido audiencia, espero que me la conceda... ¿Sabías que sus empleados le quieren como a un padre? Por algo será. Don Juan Roig es un comunista sin saberlo, un comunista de los de verdad, de los que se acercan al Evangelio. Se lo diré el día que le vea.

—Esperemos que no llegue ese día.

—¿Por qué?

—Por la cara que pondría... ¿Ahora simpatizas con el comunismo? Eso sí que es una novedad.

—Si te soy sincero desconozco mis creencias políticas, tendría que psicoanalizarme para descubrirlas.

—Mamá me dijo que te consideras un anarquista con gustos de burgués.

—Esa anécdota ocurrió el primer día que nos conocimos... Lo dije para ligármela... Se lo escuché a Woody Allen y me pareció una frase intrigante, como envolvente, que crea expectación. Lo que sí tengo claro es que soy monárquico.

El padre señala un óleo que hay colgado cerca del retrato de Juan Roig.

—Mira qué apostura.

—¿Quién es? —pregunta la hija.

—¿No sabes quién es?

—Alguien antiguo, ¿no?

—Y tan antiguo. Carlos III, el mejor alcalde de Madrid. Hija, perdona que te lo diga, pero me subleva la ignorancia de vuestra generación.

—A mí también me subleva que no sepas manejar un iPhone. Te aseguro que es mucho más útil y rentable manejar un iPhone que saber quién es ese tío de la peluca.

—El tío de la peluca construyó un Madrid del que ahora disfrutas. Pavimentó calles, mejoró el alumbrado, promovió medidas de higiene, ideó la reforma agraria, le dio un gran impulso a la industria, construyó la puerta de Alca...

—No te esfuerces, papi —interrumpe la hija mientras mira el móvil—. Con un clic tengo todo lo que me estás diciendo y mucho más.

—No te equivoques: la información la tiene el chisme ese, no la tienes tú. De Carlos III hay que admirar su espíritu constructor, su ilustrada cabeza, su capacidad de trabajo. Analizas su vida y aprendes. El juguetito que tienes entre las manos es muy útil, no lo niego, pero quien te ayuda a pensar son los libros y el esfuerzo que conlleva leerlos. A golpe de clic se aprende poco.

—Hoy en día, sin inglés y sin un iPhone no llegas ni a la vuelta de la esquina. Del señor de la peluca, excepto tú, podemos prescindir el resto de la humanidad.

—Para ti la perra gorda. Una de las causas por las que naufragan cantidad de matrimonios y de negocios es por la de querer tener siempre la razón.

El padre mira a la hija y prolonga el silencio.

—Mi amigo Marañón decía —engola la voz— que el hombre que no duda es un peligro para los demás. Por tanto, querida hija, te invito a que la duda sea el gran nexo del inmarcesible cariño que nos profesamos.

—Papá, por favor, no te pongas cursi... Dime, ¿por qué eres monárquico?

—Muy fácil: piensa por un momento en la coronación de un rey o una reina. La pompa, el boato, el rito... Hay una liturgia, una magia, que no existe en las repúblicas. La diferencia es la misma que un vino Numanthia servido en cristal de Bohemia o un calimocho servido en vaso de plástico. Es cuestión de protocolo, de glamur. Igualito, me vas a decir, el entierro de un rey que el entierro de un republicano. La llegada al Escorial, el armón, los caballos, los penachos, quién asiste, quién no. Millones de personas pegadas al televisor. ¿A quién le interesa el entierro de un republicano con la chaquetilla raída?

—Madre mía... Menos mal que no te oye nadie.

—¿Qué ocurriría si me oyesen?

—Alguien se podría ofender. Es una provocación denigrar de forma tan gratuita.

—¿Tú crees que soy gratuito?

—Eres frívolo y absurdo. La izquierda, hasta donde yo sé, ha propiciado la mayoría de las conquistas sociales de este país, incluido el que puedas decir las barbaridades que dices sin que un republicano de derechas, o un republicano de izquierdas, te dé un estacazo en la boca.

—Hija, me gusta cómo razonas. No dices tonterías.

—No tantas como tú... Convéncete, la monarquía es una cosa rancia, además está desfasada.

—¿Tú crees? La monarquía tiene clase y en esta vida hay que tener clase, la clase nos dignifica.

—¿La gente de izquierdas no tiene clase?

—En general, aquí entre nosotros, la izquierda muestra resentimiento hacia el burgués. ¿Y sabes por qué? Porque en el fondo envidian la vida burguesa. Arremeten contra ella porque la desean. Decía mi amigo Julián Marías que la izquierda tiene rencor a la excelencia.

—¿La monarquía representa la excelencia?

—Desde el punto de vista estético, sí.

—¿Robar al pueblo es excelencia? ¿Ser un corrupto es excelencia?

—Hablo de la institución, no de las personas.

—Los protagonistas de esa institución son personas.

—Te tienes que quedar con la esencia de la monarquía. ¿Sabes cuál es su esencia? —alza los brazos de forma aparatosa y teatral.

—No. ¿Cuál es? —apremia la hija.

—Su origen divino. El poder terrenal del monarca emana de Dios.

—¡¿Lo dices en serio?! —la hija menea la cabeza (y la coleta) con incredulidad.

—¿Te he mentido alguna vez?

—Continuamente.

—Ante un hecho tan serio y trascendente me veo incapaz de mentirte.

La hija tensa sus músculos faciales, incluidos los de los ojos.

—¿Por qué de todo haces literatura? No te tomas nada en serio. ¿Te acuerdas la discusión con mamá en mi bautizo cuando te emperraste en llamarme Bonifacia?

—¿Qué de malo tiene ese nombre? Así se llamaba tu abuela.

—Bonifacia, papá, Bonifacia... Me hubieras hecho una desgraciada.

—Ves, me estás dando la razón: la estética. La estética, en esta vida, manda mucho.

El padre levanta un dedo.

—¿Qué me dices de los tatuajes? ¿Te imaginas a un rey con tatuajes? Porque un republicano los puede llevar y lo veríamos normal, pero un rey con tatuajes no podría ser rey.

La hija se ruboriza.

—Yo tengo un tatuaje.

El padre la mira por todos los lados. La coge del brazo, le mira las manos, la cara, el cuello...

—¿Dónde lo tienes?

—Aquí detrás —señala las nalgas.

—¡En el culo! ¡¿Por qué en el culo?!

—No sé..., me dio por ahí.

El padre se pone muy serio, como si se hubiese sentido atacado en sus principios de integridad.

—¿Se puede saber qué te has tatuado?

—Un nadador.

—¿Un nadador?... ¿Qué pinta un nadador en tu culo?

—A mi ex le encanta nadar... No sé, un guiño de complicidad.

—¡Guiño de complicidad!, ¡guiño de complicidad! Ahora te ha dejado y qué haces con el nadador... Porque eres mi hija si no te diría...

—Sí, ya sé, alguna frase machista de las tuyas.

—¡Los tatuajes no se pueden borrar! Si ahora conoces a un aficionado al alpinismo, ¿qué te vas a tatuar?, ¿un piolet?

—A lo mejor. Tú te pones un pañuelo al cuello y nadie te dice nada.

—¡No compares, hija, no compares!

—Un pañuelo en el cuello es de señor rancio y estirado.

—Bien, si eso te parece me lo quito —con un ademán se lo quita—. Ya soy un señor moderno y rítmico. Pero el nadador, qué hacemos con tu nadador si acaba de naufragar.

—No se ve.

—Un pequeño fular de seda te parece antiguo...—se queda mirando a la hija con cara de pasmo—. Y el bargueño Luis XVI que se quedó tu madre cuando nos separamos y que tanto alabas, ¿también te parece antiguo? ¿A que la casa de tu ex está llena de muebles de formica?

—No tiene casa.

—¿Dónde vive?, ¿debajo de un puente?

—Con sus padres.

—Es igual. Seguro que la casa de sus padres está llena de muebles de formica y comen mucha besamel con engrudos.

—Su padre es taxista y su madre está impedida. Viven en un barrio obrero y a lo mejor tienen muebles de formica y comen besamel con engrudos, pero gracias a las horas que trabaja el padre, él está acabando una ingeniería.

—¿Ingeniero?..., ¿de qué?

—Telecomunicación.

El padre coge la cajetilla de tabaco y enciende un cigarro.

—¡Joder con el hijo del taxista! —le da una profunda calada al cigarro.

—Tú hiciste Filosofía y Letras y tardaste nueve años en acabar la carrera.

—Eran otros tiempos... Las huelgas de la facultad, la mili, la noche madrileña, mi viaje a la Patagonia tras las huellas de Bruce Chatwin... Se juntaron muchas circunstancias anómalas.

—¿Nueve años, papá? Mi ex no ha tenido un padre como el tuyo, que tapaba con dinero todos tus caprichos y extravagancias.

—¿Por qué te pones agresiva?

—No me pongo agresiva; cuento lo que sé y lo que he vivido, y tu realidad es la que es.

El padre apaga el cigarro en un plato.

—Los cigarros, papá, se apagan en el cenicero. Tú, que tanto apelas a la estética, acabas de cometer un atentado contra los principios que tanto preconizas.

El padre la mira con curiosidad.

—Apelar... Preconizar... No es un lenguaje propio de una chica de dieciséis años. ¿Quién te ha enseñado a hablar así?

—¿Cómo debería hablar?, ¿como una mujer florero?, ese tipo de compañías que tanto te gusta frecuentar.

—Lo que no soporto de esta vida son tus reprimendas. Por tanto, atendiendo al inmarcesible cariño que nos profesamos, firmemos la pipa de la paz y regresemos al principio de incertidumbre. Ni tus argumentos ni los míos. Tú no posees la razón absoluta ni yo poseo la razón absoluta. Firmemos una empatadera.

La hija, a quien le da un poco igual el histrionismo y las actitudes cómicas del padre, vuelve a la carga.

—¿Sabes cuál es uno de tus grandes defectos?

—Habla, di, lanza tus dardos —declama el padre—; estoy dispuesto a recibirlos como los recibió el mártir san Sebastián.

—Jamás te pones en el lugar del otro. Vives, piensas y sientes a través de tu ombligo.

—Natural... ¿Cómo quieres que viva?, ¿a través del tuyo?

—Papá, no eres el centro del universo; lo que a ti te ocurre no es lo más importante del mundo.

¡Ding, dong; ding, dong! Suena el timbre de la puerta.

—Esa puede ser mi novia.

—Pero, ¿tienes novia? —la cara de extrañeza de la hija es para enmarcar.

—Ahora te la presento.

—Uff, menos mal que vengo a esta casa de Pascuas a Ramos... Si no querías chocolate, dos tazas.

BAJA EL TELÓN. Suenan los primeros compases de *Esos ojitos negros*, del Dúo Dinámico.

ESCENA III

El padre se dirige a la puerta y la abre.

Aparece una mujer de vistosa anatomía: pecho desafiante, falda de tubo y zapatos de chúpame la punta.

—¡Hola *darling*! —saluda a Ernesto besándole ligeramente los labios. Los labios de la *darling*, pintados de rojo, son carnosos, abultados, mitad carne, mitad silicona.

La hija contempla la escena desde lejos.

"Santo cielo, parece una máscara", susurra para su costilla.

La pareja, sonrisas de diseño, se dirige hacia el salón.

—Esta es Carlota, mi hija.

—Hola, cómo estás —saluda la hija sin entusiasmo.

La *darling* se acerca a ella, le agarra por los hombros y le propina en la mejilla un beso de huevo frito.

—¡Qué linda eres!... Seguro que tienes muchos pretendientes.

—No le lances ese anzuelo —interviene el padre—, acaba de tener un desengaño amoroso.

—¿Novio?, ¿a tu edad novio? No, hijita, no te confundas. A tu edad nada de novios... ¡A tu edad hay que vivir la mascletá valenciana! —prorrumpe en una homérica carcajada.

La hija aprovecha la carcajada para acercarse a la oreja del padre.

—Dices que en esta vida hay que tener gusto. Aplícatelo, querido *father*.

El padre hace caso omiso, como si nada hubiese escuchado.

—Es una pilingui recauchutada que se ríe como las hienas —insiste la hija por lo bajini.

El padre sigue haciendo oídos sordos.

—Sentaos —señala el tresillo del salón—. ¿Qué queréis tomar?

—Yo estoy tomada —responde la hija.

—¿Tienes Peppermint Frappé? —pregunta la *darling*.

La hija hace un movimiento ascendente de ojos.

—Tengo Peppermint Mahou.

La *darling* no entiende la respuesta.

—¿Es verde?

—Amarillo con espuma.

—Bueno, lo que tengas —acepta con ciertas dudas.

El padre se dirige a la nevera. Mientras tanto, para hacer tiempo, la hija coge una revista y comienza a hojearla. La *darling* saca la polvera del bolso y se empolva el cutis y la nariz. La hija la mira de reojo.

—¡Trae algo para picar! —grita la *darling*.

El padre, tras rebuscar en los armarios, se acerca con dos Mahou en una mano y unos cacahuetes en la otra.

—Dorita —ahora nos enteramos de que se llama así— tiene un proyecto de negocio que te va a asombrar.

La hija deja de hojear la revista.

—No creo que me asombre más que el tuyo.

—El mío está cociéndose; el de Dorita está cuajado.

—En qué consiste.

La pareja se mira con complicidad.

—Vamos a explotar a medias una casa rural —se adelanta Ernesto—, pero la sorpresa no es la casa rural, ¿dónde está la sorpresa? Díselo —se dirige, los ojos muy abiertos, a su novia.

—Es una casa a las afueras de Segovia, una casa muy hermosa, como de piedra... ¡Se ve el acueducto!

—Pero la sorpresa no está en el acueducto —interrumpe el padre—. Explícale dónde está la sorpresa.

—Tiene un espacioso jardín y en ese jardín hay... —se queda en éxtasis, la sonrisa congelada.

—¡Arranca, coño! —se impacienta Ernesto—¡Qué hay en el jardín!

Dorita bebe un trago de la lata de cerveza y se echa a la boca un puñado de cacahuetes.

—Bóxers —suspira—. Diez bóxers pintados de añil.

—¡¿Perros pintados de azul?! —pregunta la hija.

—¡Qué perros ni qué añil! —estalla el padre—. Diez cuadras con diez burros importados de Rute... ¿Y qué vamos a hacer con los burros?, díselo a mi hija.

—Lo que vamos a hacer es una idea de tu padre. Él, como es muy modesto, dice que es idea mía, pero yo, la verdad, no tengo tanta imaginación.

—¿Qué vais a hacer? —pregunta la hija, cada vez más intrigada.

—Vamos a hacer un experimento con burros; tu padre lo denomina burroterapia.

—¡Burroterapia! ¡Qué es eso! —la hija no da crédito.

—Tu padre dice que de la misma manera que existe la vinoterapia, la chocolaterapia, la algoraterapia, él va a implantar la burroterapia.

—¡Qué cantidad de rodeos —se desespera el padre— para explicar algo elemental! Consiste en paseos en burro, pero con un valor añadido.

Se queda mirando a la hija.

La hija le hace un gesto para que continúe.

—El valor añadido es un tesoro. Sí, un tesoro. El tesoro está en una cueva y... ¿quién estuvo en esa cueva? —señala a Dorita.

La novia hace esfuerzos para recordar.

—Algo me dijiste, sí, ¿quién estuvo?... Un escritor muy requetefamoso, ¿no?

—Ernest Hemingway. Y, efectivamente, es muy requetefamoso porque estuvo en todos los lados, incluida esa cueva. Y en esa cueva se zampó una lata de sardinas.

El padre se levanta del sofá, se dirige a un pequeño armario y abre un cajón. Del cajón extrae una lata de sardinas mugrienta, llena de óxido y herrumbre, con una inscripción del año que la fabricaron: 1937. El padre, orgulloso de la reliquia, la levanta con dos dedos para que la admiren Dorita y su hija.

—¿Esas sardinas se zampó Hemingway? —pregunta Carlota— ¿Por qué sabes que fueron sardinas y que proceden de esa lata?

—Nadie puede aseverar que fue él, pero tampoco nadie puede demostrar lo contrario. Quien encuentre el escondite con la lata no se lleva la lata, que es una pieza única, sino un ejemplar de la novela *Por quién doblan las campanas*, ambientada en la sierra de Guadarrama, donde ejerció de corresponsal y donde comió sardinas, porque en aquella guerra se abrieron muchas latas de sardinas.

—¿La gente va a creer ese cuento chino? —cuestiona Carlota.

—No, claro que no se lo cree. La gente necesita divertirse y, si se divierte, poco importa la verdad. Es más: todos necesitamos que nos mientan.

El padre hace una pausa y mira fijamente a su hija.

—Todavía eres muy joven, pero ya te darás cuenta de que una mentira creativa es mucho más hipnótica que las verdades en crudo. Las verdades en crudo resultan indigestas.

Dorita coge su móvil y comienza a trastear con él.

—Voy a poner música —dice.

Después de desechar varias canciones elige *Una chica ye ye,* de Conchita Velasco. La pone a toda mecha, se levanta y comienza a bailar. Dorita mueve las caderas con brío y se desmelena con el mismo entusiasmo que lo hacía la cantante. *No te quieres enterar, ye ye, que te quiero de verdad, yeyeyeyé.* El padre y la hija se miran; después miran el espectáculo. Dorita no entona mal: *Y vendrás a pedirme un poquito de amor... Pero no te lo daré, ye ye, porque no te quiero ver, yeyeyeyé... Porque tú no haces caso ni te apiadas de mi pobre corazón... Búscate una chica, una chica ye ye, que tenga mucho ritmo y que cante en inglés... Con el pelo alborotado y las medias de color, una chica ye ye que te comprenda como yo.*

—Ya —de repente deja de cantar y bailar—. Si no me seguís, si os quedáis ahí como dos pasmarotes, me aburro.

—Lo haces muy bien —aplaude Carlota con las dos manos.

—Aunque parezca un poco simple, aunque no sea una chica *ye ye*, hago cosas muy bien.

Mira a Ernesto buscando complicidad. Ernesto busca la mirada de su hija. La hija busca la complicidad de la alfombra.

—Tengo otra sorpresa para la casa rural —comenta el padre.

Las dos mujeres se miran.

—Desembucha —azuza la hija.

—Aparte de la burroterapia vamos a hacer sesiones de yoga con alpacas. Las alpacas, originarias de los Andes, son como camellos pequeños. Por lo visto, su forma de caminar, su forma de mirar, su forma de rumiar ayudan a combatir el estrés. Algunas, incluso, lamen las plantas de los pies, lo cual es el no va a más en desestresamiento.

—¿Y tú te lo crees? —pregunta Carlota.

—No, pero está funcionando como negocio en granjas de Cataluña, Andalucía, Inglaterra y Estados Unidos. Si dudas de lo que te digo busca en Google. Teclea 'yoga y alpacas' y a ver qué te sale. Teclea también 'yoga y cabras'... Sí, sí, cabras.

La hija coge su móvil y comienza a indagar. A los pocos segundos se le suben las pestañas al cielo. "No es posible", murmura. "¡Hay mujeres haciendo yoga rodeadas de cabras!", su sorpresa va en aumento.

—Tu padre miente menos de lo que piensas.

—¿Esta idea —sonríe la hija— procede de tu amigo Stendhal?

—No. El consumo exacerbado nace con el fundador de Apple, Steve Jobs. ¿Sabes, Carlota, quién fue Steve Jobs?

—Ni idea.

—¿Y tú? —pregunta a Dorita.

—No —responde lacónica.

—Steve Jobs fue uno de los padres de esa diabólica ingeniería de los ordenadores que está revolucionando el planeta. Lo que ahora vivís y sentís se lo debéis en parte a él. ¿Sabéis cuál era el lema de este hombre?

Las dos mujeres se miran sin mirarse.

—Y con todo lo que sabes, padre —la hija se pone guerrera—, ¿por qué no eres millonario?

—Porque no soy una persona práctica. Además me aqueja el mal de la dispersión. Salto de una idea a otra, igual que los canguros.

—No hace falta que lo jures. Al menos —se reafirma la hija— te conoces.

—Jobs decía que la gente no sabe lo que quiere hasta que se lo enseñas o se lo muestras. Por tanto no busques sus necesidades, crea otras nuevas. La rueda del capitalismo lo mueve este simple engranaje.

Las dos mujeres se vuelven a mirar. Sus ojos reflejan una absoluta indiferencia, pero no hacia lo que dice Ernesto sino hacia lo que sienten la una hacia la otra.

—El yoga, las alpacas, las cabras —argumenta el padre—, si no lo ves en un vídeo tendrías más dudas que santo Tomás. Pero lo ves y dices: qué curioso, y te entra el deseo de probar, porque en estos tiempos líquidos todo el mundo quiere probar, variar, tener nuevas experiencias, sean las que fueren. Una cabra trepando por tu tripa, un hotel debajo del mar, un caldo en el cráneo de un mono...

—¡La gente quiere vivir! —vocea Carlota.

—¡Y divertirse! —abunda la *darling*.

—Pues claro que quieren vivir y divertirse —el padre parece fumarse un puro—. ¡Y ahí está el filón de nuestros futuros negocios!

—A ver, querido *father*, céntrate. El supermercado, la burroterapia, las cabras... Concreta, por favor.

—Todo. Lo quiero todo. ¿Sabéis qué decía Steve Jobs al respecto? No, no hace falta que os quedéis pensando, ya sé que no tenéis ni repajolera idea. Jobs decía que no hay mayor negocio en esta vida que explotar la estupidez humana.

—¡Papá, la gente no es estúpida! —protesta la hija.

—La gente, consumiendo, es completamente estúpida —contraataca su progenitor.

En esta discusión andaban enzarzados el padre y la hija cuando suena el telefonillo de acceso al portal. El padre se acerca al artilugio; por el pequeño monitor observa a un joven con una cresta en el pelo.

—Hola, ¿quién eres?

—¿Está Carlota?

La hija, que ha ido detrás del padre, comienza a hacer aspavientos. "¡Dile que no!... ¡no!", niega reiteradamente con la cabeza. "No, por favor, dale largas."

—No está —responde el padre.

—Volveré un poco más tarde, a ver si hay suerte. Dígale que me gustaría hablar con ella.

—Perdona, ¿quién eres?

—Su novio.

—Bien. Yo se lo diré.

La hija, aliviada, levanta la mano para entrechocarla con la del padre.

—Gracias, papi.

—De nada.

La hija, durante unos segundos, recapacita.

—¿Me habrá oído?

—A qué te refieres.

—Cuando he dicho que le dieras largas.

—¿Te preocupa? Si te preocupa es porque te importa y si te importa es porque, de alguna manera, ese chico te interesa. Quiere hablar contigo; dale una oportunidad.

—¡No! —contesta tajante.

Dorita, lejos de la escena, mete baza.

—¿Todo bien?

—Sí, todo bien —responde Ernesto—. Dorita, ¿podrías bajar al chino de la esquina y compras unos cacahuetes?

—¿Cuántos?

—Los que te apetezca.

—Queréis deshaceros de mí, eh, que no soy tonta.

—Lo que quiero es hablar con mi hija.

Dorita se dirige al perchero, se pone el abrigo y con un mohín desdeñoso sale por la puerta. Ernesto y Carlota continúan sentados en el tresillo.

—Mira, hija, el amor se puede dividir por tramos... ¿y sabes cuál es mi verdad?

La hija alza las antenas.

—A ver, Carlota de mi alma, te explico: en la juventud el amor tiene mucho tirón, los amores juveniles arden porque se idealizan, por eso acuérdate de Stendhal, acuérdate siempre de Stendhal, que dice que el amor es un espejismo. Pero hay que vivirlo, no cabe duda, además intensamente. El amor tiene sus etapas; toma nota si quieres.

El padre se levanta del sofá y le acerca un bloc y un bolígrafo. La hija los orilla a un lateral de la mesa.

—Desde los dieciséis hasta los treinta años diviértete, y ¿con quién te diviertes? Te diviertes con el canallita, con el alternativo, con el bohemio de pelo largo que toca el violín y vive en una buhardilla. Estos tipos raros atraen. Pero, ¿qué ocurre? Ocurre que llegas a los treinta y decides casarte y tener hijos. ¿Y vas a tener un hijo con el trotamundos que viaja por Europa en bicicleta? ¿Y qué haces con el hijo?, ¿montarle en el transportín? Esa gente es divertida, distinta, pero para echar un polvo o trescientos polvos, no para casarte ni procrear. Sería una locura.

—¿Y con quién me caso?

—Con un notario... Ese es el perfil.

—¿Y si no estoy enamorada?

—Da igual.

—¡Te dará igual a ti, a mí no! —truena la hija.

—Tiene sus ventajas casarte con un notario fofo y aburrido.

—¡Encima fofo y aburrido!

—Los notarios, los registradores de la propiedad, los inspectores de Hacienda suelen ser aburridos y con sobrepeso. ¿Por qué tienen sobrepeso? Porque son muchas horas con las posaderas pegadas a la silla preparando oposiciones.

Cuando conozcas a alguno observa sus nalgas, ahí es donde se fija el sobrepeso. Tienen unas nalgas esparramadas; si las tocas es como si estuvieras amasando pan.

—¡Qué asco, papá!

—Nada de asco. Te acostumbras. Apunta esto que te voy a decir que es muy importante.

La hija escucha pero no apunta.

—Si te casas con el trotamundos barbudo de la bicicleta vas a ir de más a menos. Impepinablemente vas a ir de la idealización a la decepción. Esto no lo digo yo, lo dice...

—Stendhal —se adelanta la hija.

—No; lo dice tu madre.

—¿Mi madre? ¡Anda ya!

—Lo dice tu madre, muchas veces, refiriéndose a mí.

—No te creo.

—Pues créelo... Retomo el hilo: si te casas con un notario, que es lo que debió de hacer tu madre, irás de menos a más porque partes de un valor fundamental.

—¿Un culo grimoso?

—No.

—¿Cuál?

—Cuál va a ser. El dinero.

La hija se levanta de un brinco.

—¡Eres un ser amoral!

—¿Yo amoral? ¿Por qué? El dinero proporciona estabilidad, seguridad, educación para tus hijos. Cuando tienes hijos los que mandan son ellos. Tú ya te divertiste desde los dieciséis hasta los treinta años. Ahora los importantes son ellos.

—¿Y el amor? —se vuelve a sentar en el tresillo— Si los hijos no ven amor en sus padres, todo lo que planteas no vale un pimiento.

—El amor tiene fecha de caducidad y los hijos son para toda la vida.

El padre observa durante unos segundos a su hija; está sopesando el efecto de sus palabras.

—Vivir con un notario, hija, debe ser muy duro. No lo sé a ciencia cierta, pero lo intuyo. Una vez casada con un notario te quedan dos opciones... Toma nota que esto también es trascendental.

—Dejemos los apuntes para la universidad.

—Es que luego se te olvida.

—No, no se me olvida.

—Una vez casada con un notario, te decía, quedan dos opciones: resignación cristiana o ponerle los cuernos. Yo optaría por lo segundo, pero eso allá cada cual. Lo científicamente probado es que la convivencia matrimonial, a la larga, es un tostonazo. Por tanto, primera medida: si le pones los cuernos no se lo cuentes, jamás, a ninguna amiga. ¿Por qué? Porque siempre hay una, la más piadosa, que se irá del pico y llegará a oídos del notario. No se lo cuentes a nadie. Ni siquiera a tu conciencia.

—Papá, ¿tú eres feliz?

El padre se queda pensativo, interroga a su memoria, duda de la honradez de sus reflexiones. Al cabo se decide a hablar:

—La felicidad es una palabra que el diccionario transporta al cerebro. No responde a nada real. Y así nos va. Los humanos, a causa de las palabras, somos ininteligibles.

—Las palabras —apunta la hija— sirven para comunicarnos, ¿no?

—¡Qué va! Sirven, sobre todo, para engañarnos. Para engañarnos a nosotros mismos y para engañar a los demás. Como herramienta de comunicación emocional es completamente insolvente. Pero, bueno, es lo que tenemos. Como juguete resulta entretenido.

—No me has respondido, ¿eres feliz?

El padre se rasca la coronilla.

—Es una pregunta muy profunda... Déjame que piense.

Tras varios segundos de meditación, responde:

—Yo creo que solo hay una cosa que me hace verdaderamente feliz.

—¿Cuál?

El padre se vuelve a rascar la coronilla; mira con ternura a su hija.

—Verte a ti feliz —al mirarla se le empañan los ojos.

¡¡Piiiiiiii!!

—¡El telefonillo! —el padre salta del sofá—, voy a abrir.

—No será otra vez el brasas de mi ex.

Las luces del escenario se van difuminando; el telón cae lentamente. Suena la canción *Vivir así es morir de amor*, de Camilo Sesto.

ESCENA IV

El padre abre la puerta. Aparece un chico de unos veintidós o veintitrés años. Viste *chupa* de cuero negro, pantalones vaqueros y zapatillas caras. Corona su cabeza una llamativa cresta de color fucsia.

—Pasa, pasa —le indica—. Al observar su peculiar aspecto no muestra sorpresa alguna. En el saludo y en los gestos muestra absoluta naturalidad. El chico camina hacia el centro del salón. Carlota evita mirarle.

—¿Quieres tomar algo? —pregunta el padre.

—No, gracias. Solo quería hablar un momento con su hija, si puede ser.

—¡Háblalo aquí! —interviene Dorita—, ¡así opinamos todos! Ten en cuenta que cuatro cabezas —enumera una a una las tres cabezas y luego se toca la suya— piensan más que una.

—Tiene razón mi tía: habla. Lo que me tengas que decir lo podemos escuchar todos.

Nada más escuchar "mi tía", el padre mira a Dorita; esta le corresponde con un gesto de desconcierto; el padre, instantes después, mueve las manos y hace un visaje con la cara (sin que le vea el chico), como pidiendo explicaciones a su hija. Esta, impasible, hace como que no ve ni oye.

—Siéntate —le dice amistosamente el padre señalando el sofá—. ¿Una cerveza?, ¿unos cacahuetes? La cerveza es de Mercadona y ¡ojo con las cervezas de Mercadona, no son cualquier cosa!

El chico duda un instante, pero termina aceptando.

El padre hace una señal a la hija para que le acompañe a la cocina. Carlota se levanta del sofá y sigue sus pasos. El padre abre la nevera y coge una cerveza; la apoya en la encimera y acerca sus labios a la oreja de la hija:

—¿*Sioux* o *cherokee*?

—Mohicano —responde la hija sin mover un músculo—. También es ingeniero cibernético.

—¿Ingeniero cibernético? —se asombra—. Lo que adelantan todos los pueblos... y las tribus.

—Menos tú, padre, todos adelantan.

Dorita y el chico, situados en el salón, se tantean de forma protocolaria.

—Siéntate a mi lado —le dice la *choni* al tiempo que da palmadas a la zona del tresillo donde quiere que lo haga—. Ponte aquí, que por el oído derecho oigo mejor—. El chico obedece.

—¿Estudias o trabajas?

El chico la observa igual que un entomólogo observaría a un insecto.

—Invento.

—¡Ah, inventas!... ¿Inventos en general?

—Sí, en general —responde con acento cuartelero.

El padre y la hija se acercan al salón. El padre lleva tres cervezas en las manos; la hija una cocacola sin azúcar, sin cafeína y, seguramente, sin burbujas. Se sientan en el tresillo.

—Me ha dicho Carlota que trabajas en asuntos cibernéticos.

—Ciberseguridad —precisa el chico—. Creo programas para prevenir el ataque de los *hackers*.

Breve silencio de los cuatro.

—También ando metido en el mundo de los videojuegos. Invento historias para que la gente se divierta.

—¿Historias de amor? —pregunta Dorita.

—No, de violencia, de comerse unos a otros.

La *darling* se echa a reír.

—Bueno, el amor es un poco así.

Los ojos de la hija, casi en blanco, ascienden al techo.

—¿Eres de aquí, de España? —pregunta el padre.

—De Tarrasa.

—¿Tarrasa? Pues no tienes nada de acento.

—Usted, en cambio, tiene mucho.

—¿Acento yo? —se queda estupefacto.

—Acento madrileño. Nosotros, para los madrileños, tenemos acento catalán. Para los catalanes, andaluces, gallegos, abulenses, ustedes tienen acento madrileño. El canon no es Madrid.

—¿Canon? ¿Qué es canon? —pregunta Dorita a Carlota.

Ernesto se reclina y alza la antenas para escuchar qué dicen.

—Una cámara de hacer fotos —responde Carlota.

—Ya te compraré una —Ernesto guiña un ojo a su novia.

—Vamos al grano —se planta la hija mirando a su ex—. ¿Qué me quieres decir?

El chico le da un lingotazo a la cerveza. La bebe a morro.

—He meditado mucho nuestra situación; somos jóvenes y tenemos todo el futuro por delante. Lo que tengo que decirte te lo diré por carta. Siete folios, en ellos vierto en profundidad mis razonamientos.

El chico parece sesudo, quizás una pizca redicho.

—¿Por qué en siete folios y no en seis... o en ocho? —cuestiona el padre.

—El siete es un número mágico; se compone del sagrado tres y del terrenal número cuatro. La suma de los dos, siete, establece un punto de conexión entre el cielo y la tierra.

—Qué interesante, hablas igual que un ministro —comenta el padre.

Dorita lo mira arrobada:

—¡Siete folios, qué chanchi! ¿Nos los podrías leer enteros?

El chico niega con la cabeza.

—No quisiera aburrir al respetable auditorio —extiende la mano hacia el patio de butacas, como abarcándolo.

—Si lo están deseando —Dorita mira y señala a los espectadores—. No hay cosa que más le apasione a la gente que los chismes.

El chico mueve de nuevo la cabeza; su no parece rotundo.

—Un resumen y sin hacer *spoiler* —interviene Carlota—. En este recinto no hay secretos; todo lo que digas no saldrá de aquí

—¡Yo no vendo mi vida privada! —se solivianta.

—Hazlo por mí —Carlota le pone ojitos de mermelada.

El chico, tras unos titubeos, da su brazo a torcer.

—Ella —se dirige a Carlota— tiene dieciséis años y yo veinticuatro. El amor es efímero y a nuestra edad más. Le dije a su hija —mira al padre—: "Primer amor, primer dolor"; al decirle estas palabras se echó a mis brazos con un llanto inconsolable. Luego añadí: "Esto que te ha ocurrido conmigo es como una vacuna, espero que quedes vacunada para siempre".

—¿Quien habla eres tú? —replica Carlota—, porque pareces un ciberrobot.

—Yo me vacuné hace unos años; una mujer madura me vacunó. Entonces pensé: ninguna otra mujer me volverá a hacer daño.

—Eso es de cobardes —interviene el padre.

—O de sabios —responde el chico.

—Esa chorrada de las vacunas, querido padre, me la has restregado por los morros hace un rato. Te estás contradiciendo.

El padre permanece unos instantes pensativo.

—Cierto es, que diría don Quijote, y hay que ser humildes para aprender a convivir con nuestras contradicciones.

—¡Siempre la literatura! —se desespera la niña de sus ojos.

Espeso silencio que rompe el ex:

—¿Te acuerdas en el estanque del Retiro? Tú remabas, te miré a los ojos y dije: "Construiremos un sugestivo proyecto en común".

—¡Qué bonito! —exclama Dorita.

—Luego añadí: "Rema, mi vida, hacia aquella gallarda estatua de Alfonso XII". ¿Te acuerdas cuando te lo dije? Y agregué: "Nuestros hijos serán el fruto de nuestro amor, estudiarán el tarrasense y serán unos hombres de provecho".

—Tarrasense, sí, fundamental —argumenta el padre—, es el idioma del futuro. Bien visto, muchacho... Por cierto, ¿por qué remaba mi hija y no tú?

—Tenía un esguince en la muñeca.

—Es verdad, papá.

—Gracias, Carlota, por no dejarme de chulo ni de mentiroso.

El chico bebe otro trago de cerveza y prosigue:

—Pero luego, en casa, abrazado a la almohada, pensé: somos muy jóvenes, casi unos niños, y seguí dándole vueltas a la almohada: experimentemos, exprimamos el jugo de nuestra juventud. Tú, Carlota, has de yacer con el concurso de otros hombres. Esperemos, esperemos unos años... Cuando cumplamos los treinta te emplazo a vernos y a contrastar opiniones.

—¡Me parece súper! —aclama Dorita.

—No estoy recabando tu opinión; estoy recabando la de ella —espeta el chico.

Carlota se acerca a él y le estruja los mofletes.

—No, no eres un robot. Al menos eso parece.

Luego le estira la cresta.

—Parece auténtica... Por favor sé sincero y responde —se queda analizándole.

—Te escucho —dice el chico, de quien todavía no sabemos su nombre.

—¿Eres real?... Lo eres, ¿verdad?, dime que sí... ¿No serás un experimento de la inteligencia artificial?

—¿Por qué me preguntas eso? —interpela con gesto compungido.

—No sé, te noto raro, como lejano.

—¡Es que es raro de cojones! —irrumpe el padre.

Nada más pronunciar la frase se arrepiente e intenta arreglarlo:

—Bueno, raros somos todos... A quien más a quien menos nos patina alguna meninge.

El padre mira al chico a los ojos.

—Tienes coco, sin duda, y me agrada tu espíritu emprendedor. Diré más: de todo lo que has comentado hay algo con lo que comulgo al cien por cien.

—¿El qué?

—Que sois muy jóvenes y que esta aventurilla que habéis tenido es mejor dejarla correr.

—Aventurilla, aventurilla... yo no lo llamaría así, ya hemos yacido en el mismo lecho.

—¡Tú eres gilipollas! —Carlota lo fusila—. ¡Mi padre no quiere saber nuestras intimidades!

—Calma —templa el padre—, tampoco hay que ponerse así.

—¡Me pongo como me da la gana! ¡No le soporto, parece que se ha tomado una caja de tripis! —la hija se levanta y se dirige hacia la zona de la cocina. El padre la sigue.

—¿Se droga? —pregunta preocupado.

—¡Yo qué sé!

El escenario, desde este momento, queda dividido en dos ambientes. En la cocina, el padre y la hija; en el tresillo, el chico y Dorita. El foco enfoca a estos últimos.

—Eres un hombre muy completo —dice Dorita—. ¿Qué más cosas haces?

El chico observa con interés el canalillo de su escote.

—Tatuajes artísticos —proclama rotundo.

—¿Tatuajes? —Dorita le rastrea con la mirada—. Pero si no llevas ninguno.

—¿Tú no sabías que el artista crea emociones para que las disfruten los demás? Él, al vaciarse, no disfruta; solo sufre.

—¡¿Sí?! —cara de extrañeza—. Y cómo es eso, no lo entiendo... ¿No te divierte tatuar?

—Es una sensación ambivalente, diríamos que helicoidal. Tú imaginas un tatuaje, te concentras y luchas con las formas hasta lograr la plenitud; si lo consigues te derramas, como cuando eyaculas, pero como nunca llegas a la perfección te duele. Acabas con dolor de huevos. ¿Lo entiendes?

—¿Te duele?... ¿Pero te duele ahí?... Qué cosas más extrañas te pasan.

—La plenitud, digamos, es la cara de satisfacción del cliente. Ahí se acaba todo. ¿Lo entiendes ahora?

—No; estoy perdida.

—Te pondré un ejemplo casero. Por ejemplo, el oficio de cocinero. Cuando uno de los grandes chefs elabora uno de esos platos tan sofisticados, ¿crees que ellos disfrutan comiéndoselo? No. Solo lo prueban. A mi amigo Juan Mari Arzak le comenté un día: "No te quejarás, todos los días comiendo como un marajá". ¿Sabes qué respondió?

—No.

—Dijo: "La mayoría de los días ceno una tortilla francesa; si comiera lo que cocino reventaría de asco". Así es. Lo que el artista da, no lo recibe. En el arte no hay reciprocidad.

—Qué curioso.

—¿Tú tienes tatuajes?

—Tengo uno pero no se puede enseñar —Dorita se ruboriza ligeramente—, está en un sitio crítico.

—¿Crítico?... ¿Dónde?

—¡Ay, chico! —se ríe y se da una palmada en la rodilla—... En realidad tengo dos tatuajes.

—¿También en zona crítica?

—¡También! —esta vez se troncha de risa.

Nosotros, como espectadores, no le vemos la gracia. Más bien sentimos vergüenza ajena.

Dejemos a estos dos en su sicalíptica conversación y traslademos el foco a Ernesto y Carlota, situados junto a la cocina.

—¿Sabes que aquí, al amigo —Carlota mira al chico desde la distancia—, le ha dado por el mundo del tatuaje?

—¿Tatuajes?, ¿los hace él?

—Sí.

—Qué hombre más polifacético.

—A día de hoy creo que es su mayor fuente de ingresos. Dibuja muy bien, su ídolo es Banksy.

—¿Banksy?

—¿No sabes quién es Banksy?

—Sé quién es Velázquez, Goya, incluso sé quién es Toulouse-Lautrec. Pero Banksy, ahí me pillas.

—Un grafitero británico de lo más *fashion*.

—Ah, si es grafitero, británico y de lo más *fashion,* me callo.

—Empezó a tatuar a sus amigos. Uno de esos amigos le presentó a un futbolista del Getafe, le hizo uno y se quedó entusiasmado. A partir de ahí, coser y cantar. Lo difundió en las redes sociales y tiene un montón de clientes futbolistas.

—¡Qué tío! —exclama el padre con asombro— De repente se le enciende la materia gris.

—¡Eso mismo es lo que tengo que hacer yo para promocionar la burroterapia!

Tras unos segundos ensimismado, añade:

—¡Lo veo nítido! Invitaré a mi amiga Sisita Ridruejo un fin de semana para que sienta en todos los poros de su piel las bendiciones de la burroterapia.

—¿Quién es Sisita Ridruejo?

—¿No sabes quién es Sisita Ridruejo? —cara de perplejidad.

—No.

—¿Conoces a ese británico desarrapado y no sabes quién es Sisita Ridruejo?

—Pues no, no lo sé.

—Una de las *influencer* más famosas de este país. Tiene miles de seguidores en las redes sociales; no llega a lo de Taylor Swift, pero se aproxima.

El foco, situado en las bambalinas del teatro, cambia de dirección. Ahora enfoca a Dorita y al tatuador.

—Cuéntame, ¿qué otras sorpresas esconde tu chistera?

El chico reflexiona desde lo más hondo de su ser.

—Soy poeta..., poeta de palabras esdrújulas.

Dorita alza las pestañas.

—¿Palabras esdrújulas?.... ¿Solo palabras esdrújulas?

—Solo.

Dorita parpadea.

—Pon un ejemplo.

El chico sonríe, la mira y hace que piensa (a lo mejor piensa de verdad). Dice al cabo:

—Acentúame en la mano/hipopótamo marrano.

—Acentúame en la mano hipopótamo marrano —repite para sí la *darling*—. ¿Qué quiere decir?

—Nada.

—¿Nada?

—Nada de nada.

—Algo querrá decir.

—No.

—Si se te ha ocurrido, algún significado tendrá.

—Ninguno. Soy un poeta dadaísta.

Dorita y el chico se quedan en silencio. La *darling* rompe el silencio, pues no le agradan los silencios:

—Yo soy una mujer liberada —confiesa risueña—. ¿Sabes cual es mi filosofía de vida?

—La desconozco —responde circunspecto.

—¿Y no te la imaginas?

—No.

—Vivir el momento, el instante de la emoción verdadera; esa es mi filosofía. ¿Qué te parece? Y siempre voto a los anarquistas.

—El instante de la emoción verdadera —repite sorprendido—, qué gran frase, no parece tuya. Lo del anarquismo está bien para los artistas y los bohemios; en la sociedad no funciona. No funcionará nunca.

A continuación le coge las tetas y se las toca por debajo, como si las estuviese pesando.

—Tienes buenas domingas.

—¡Pero, chico —le aparta las manos—, qué confianzas son esas!

—Puro anarquismo.

—O sea, te consideras un anarquista.

—Un poco sí. Ahora mismo me acabo de transformar en Groucho Marx. Un poco de Groucho Marx y un poco de Banksy.

Gira el foco del teatro y les deja en penumbra; la luz se dirige de nuevo hacia el padre y la hija.

—Le acaba de tocar las tetas, ¿lo has visto? —dice el padre a la hija.

—Sí, papá, lo he visto.

—¿Y?

—Di tú.

—No sé... ¿Cómo definís los jóvenes eso que están haciendo?, ¿poliamor?

La hija dibuja un gesto de cabreo al tiempo que mueve la cabeza con resignada incredulidad.

—Pudiera ser.

El padre estira el cuello para observar detalles.

—En mi época lo llamábamos zorrear, por no usar otro calificativo.

—Y delante de nuestras narices —se escandaliza la hija.

El padre regresa a la postura inicial. La mira con arrobo.

—¿Tú sabes manejar esta situación?

—Creo que no.

El padre le agarra con fuerza por los hombros.

—¿Te apetece un salmorejo con manzana? Quiero que lo pruebes. ¡Verás qué tomates!, ¡de corazón de buey! Son de la huerta de la Paca, uno de los productos estrella de mi futura casa rural.

—Lo que tú digas... Por curiosidad, ¿quién es la Paca?

—Una *influencer* de los huertos urbanos.

El padre abre la nevera.

La hija coge dos cuencos para probar el salmorejo.

—¿Sabes en lo que creo? —reflexiona el padre— Creo que el amor más puro es el que profesan los padres hacia los hijos. Es el único amor desinteresado, el único donde sacrificarías la vida. Por ejemplo, yo solo soy feliz si tú lo eres. Eso no ocurre con la amistad ni en ninguna relación sentimental, donde siempre aflora el egoísmo y el interés.

—¿Qué me quieres decir?, ¿que solo hay que querer a los hijos?

—No digo que sea el único amor, digo que es el único amor incondicional. Veamos: tú preparas un cocido y echas mayonesa a los garbanzos. Me sirves, lo pruebo y te diría: "Hija, qué mezcla más atrevida". Ese mismo comistrajo lo hace un amigo o una novia o el arzobispo de

Canterbury y le diría: "Querido, que Dios te conserve la fe, pero no el gusto". Algo así le diría. ¿Me entiendes?

—Intento entenderte.

—Los amores carnales y las amistades son estados de ánimo pasajeros... ¿Tú sabes quién ha sido el mayor tirano desde que el mundo es mundo?

La hija mira con suspicacia a los ojos del padre. No sabe si está hablando en serio o se va a descolgar con alguna gracieta.

—Di, ¿lo sabes?

—¿Hitler?

—No.

—¿Putin?

—Ese es un *amateur*... Hay otro tirano de mayor envergadura; un tirano muy difícil de vencer.

—¿Quién?

El padre la mira fijamente. Gana unos segundos para hacer más atractiva la respuesta.

—¿Te lo digo?

—Sí.

—El sexo... El sexo tiraniza nuestras vidas de principio a fin.

—Yo pensaba que el sexo era divertido —sonríe maliciosa.

—Claro que es divertido, pero nos tiraniza la existencia. Según un estudio de la Universidad de Harvard, estoy hablando de Harvard, no de la

Universidad de Alpedrete, no hay día en que el hombre y la mujer no tengan varios pensamientos, varias imágenes o varios impulsos relacionados con el sexo. Y lo peor es que resulta imposible ejecutar al tirano.

—Padre, le das muchas vueltas a cosas inútiles. Lo que hay que resolver son los problemas reales del día a día y en eso eres un desastre. ¿Sabes qué percepción tengo de ti?

—No, pero permite que me ponga en guardia.

—Huyes de la realidad. La realidad, incluida la mía, te sobrepasa y tiendes a huir, a escaparte con frases ingeniosas.

El padre recibe el coscorrón con estoicismo. Reflexiona.

—Pudiera ser. ¿Y eso es malo?

—No es ni bueno ni malo. Eres así... ¿Te puedo hacer una pregunta?

—Adelante.

—¿No crees en nada?

Al padre, estas preguntas tan profundas parecen descolocarle, pero enseguida se repone.

—Creo en algunas evidencias.

—¿Por ejemplo?

—En la sinceridad de los mudos.

—Hablo en serio. ¿No crees en nada ni en nadie?... ¿Ni siquiera en Dios?

El padre, más relajado, le guiña un ojo y dice que después de muertos nos marchamos a la época de Napoleón.

—¿Dónde estábamos tú y yo cuando lo de Napoleón? Pues ahí, más o menos, estaremos después de muertos.

—¿La nada?

—¡No, criatura! Hay un pequeño resquicio, una pequeña esperanza.

—¿Dios? —la hija abre mucho los ojos.

—Dios es una opción, por supuesto, que no hay que desdeñar, pero hay que tener un plan B por si pintan bastos. Sería un error poner todos los huevos en la misma cesta.

—¿Cuál es ese plan B?

—¿Tú sabías que la memoria se almacena en el hipocampo?

—No.

—Se almacena en unas células que la ciencia denomina piramidales. A partir de esta evidencia quisiera pedirte un favor.

—Pide.

—Cuando me muera quisiera que conserves esas células.

—¿Conservarlas? —la hija no da crédito— ¡¿Cómo?!

—Mediante un proceso de congelación que se realiza en centros especializados. Se llama liofilización. Es un proceso bioquímico mediante el cual la memoria pasa a un chip. Creas un nuevo cuerpo que se parezca a mí —la ciencia y las impresoras 3D hacen virguerías— e introduces la memoria. Me encantaría volver a verte.

La hija mira al padre y hace un puchero, como cuando era un bebé. Ernesto también se emociona. Se acerca a su hija y la abraza con fuerza.

—Padre —deshace muy despacio el abrazo—, haré lo que me digas, pero es mejor creer en Dios. Dentro de lo que cabe lo veo más seguro.

—Seguro no hay nada, Carlota, pero te entiendo. Tengo un amigo que presume de su ateísmo. Dice: "¡Dios, el Espíritu Santo, la transustanciación!, son solo ideas, coartadas mentales!". Y remata muy digno: "¡Yo me arrodillo ante la penicilina, pero no ante una idea romántica!". Yo le respondo: "¡Para el carro, hermano! Arremetes contra Dios, reniegas de Él ¿y qué consigues con ello? Ya lo ves, sulfurarte. Tu ateísmo, a Dios, le deja indiferente. Tu ateísmo rebota en su magnificencia y te convierte en un pelele". Por tanto, hija, vamos a creer en Dios y en la resurrección, por si acaso es verdad, y como plan B la liofilización. ¿Te parece?

—Me parece —responde la hija un poco aturdida—. ¿Y en qué ventanilla tengo que pedir la liofilización?

El padre suelta una carcajada; seguidamente la vuelve a abrazar.

—¿Qué hacemos con esos dos? —los señala— Que les den, ¿no te parece? Ni Dios ni liofilización. Que los den por retambufa.

—Sí, que les den —la cría se queda un momento pensativa—. Me asalta una duda.

—¿Mundana o metafísica?

—Diría que metafísica... Si tenemos un plan B, ¿nos perdonará Dios que dudemos de él?

—Ten por seguro que, en cuanto lo sepa, sonreirá. O se partirá de risa. Dios está por encima de las dudas, las miserias y las canalladas humanas. Dios quiere tener a su lado a gente alegre y confiada, no a una vieja rezando el rosario como si estuviera royendo una zanahoria.

El padre se queda mirando a la hija. La coge por los hombros.

—¿Sabes una cosa?

—Tú dirás.

—Después de haber batallado cincuenta años en esta vida, ¿sabes a qué conclusión llego?

—Cincuenta y cuatro, no quieras parecer más joven, que eso es de viejos derrotados.

—Para ti la perra chica... Llego a la conclusión, ya te lo dije, de que el único amor puro, el amor que nunca se marchita es el que se siente hacia los hijos. Lo demás es vanidad de vanidades y todo vanidad.

—¿Quién dice eso?, ¿tu amigo Stendhal?

—No. Me lo dijo mi madre y a mi madre se lo dijo mi abuela. Es una sabiduría que se transmite de generación en generación.

El padre y la hija se miran un instante a los ojos y le hacen una higa con los dedos a la pareja de tortolitos.

De repente suenan los primeros compases de una simpática melodía.

Ernesto y Carlota fijan la atención en las notas musicales.

—¿Te acuerdas?

—¡Sí, el baile de cuando me llevabas al colegio!

—En la puerta del cole, antes de que entraras, lo bailábamos. Los padres y madres allí presentes nos miraban divertidos.

El baile procede de la película *Tú a Londres y yo a California*.

El padre alarga una mano, la hija alarga la suya, se juntan las dos y, al son de la música, comienzan a entrechocarlas, a dar saltos y a golpear cadera contra cadera.

Termina la breve pieza musical y...

BAJA El TELÓN. Tras unos segundos sube el telón y la hija y el padre saludan al público. El *Rastas* y la *Darling* siguen a lo suyo.

Carlota y Ernesto hacen un gesto como que están oyendo algo. Suenan los primeros compases de la canción *Resistiré*, del Dúo Dinámico. Los protagonistas comienzan a bailar; casi inmediatamente se les suma la pareja, quienes dejan de zorrear.

Al finalizar la canción baja de nuevo el telón. Vuelve a subir al telón y los cuatro protagonistas agradecen los aplausos del público. Si no los hubiere se retirarían con las orejas gachas.